SERVICE GÉOGRAPHIQUE DES COLONIES

CARTE

DU

TRANSNIGÉRIEN

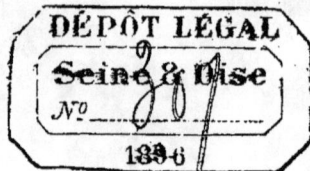

au $\dfrac{1}{500.000^e}$

NOTICE

ET

INDEX ALPHABÉTIQUE

PARIS

MAISON ANDRIVEAU-GOUJON

HENRI BARRÈRE, ÉDITEUR GÉOGRAPHE

4, RUE DU BAC, 4

1896

SERVICE GÉOGRAPHIQUE DES COLONIES

CARTE

DU

TRANSNIGÉRIEN

au $\dfrac{1}{500.000^e}$

NOTICE

ET

INDEX ALPHABÉTIQUE

PARIS

MAISON ANDRIVEAU-GOUJON

HENRI BARRÈRE, ÉDITEUR GÉOGRAPHE

4, RUE DU BAC, 4

1896

CARTE

DU

TRANSNIGÉRIEN

NOTICE

La carte du Transnigérien résume exactement les travaux et les études du capitaine Marchand durant son troisième voyage dans la boucle du Niger.

Parti de France en mars 1893, ce voyageur entreprit d'étudier les moyens pratiques d'atteindre la grande artère du Niger, non plus par la Guinée française et la ligne Benty-Niger (projet Brosselard-Faidherbe), ce qui était une utopie, ni par la ligne Kayes-Bammako, ce qui serait extrêmement coûteux. Sans doute ce dernier rêve sera un jour réalisé, mais il faudra auparavant que le chemin de fer projeté ait des recettes assurées et que les relations commerciales soient assez suivies entre la côte et l'intérieur pour qu'on soit sûr de ne pas sacrifier en pure perte une centaine de millions.

Y a-t-il donc un autre moyen d'atteindre le grand fleuve ? Par le Djoliba il n'y faut pas songer ; car cette branche du Niger est encombrée de chutes et de rapides, et reste, par conséquent, absolument fermée à la navigation. Mais le Djoliba ne forme qu'une des branches du Niger ; le Bani, dont Mage nous a révélé l'existence, en est une autre, peut-être même la plus impor-

tante. Cette rivière qui sort des monts de Kong vient, en effet, rejoindre le Djoliba en aval de Ségou. Là est peut-être la solution du problème posé. Après avoir remonté le cours du Bani, en 1892, et constaté, en franchissant la fameuse chaîne de Kong, que la vallée de ce fleuve est symétrique à celle du haut Cavally, le capitaine Marchand estima qu'il y avait là une communication plus directe que toutes les autres et il repartit, en 1893, avec l'intention de prouver l'exactitude de sa théorie et la possibilité de lui donner des applications pratiques.

Le capitaine Marchand remonta donc toute la vallée du Bandama en partant de la Côte d'Ivoire, et redescendit le Cavally, pendant que son second, le capitaine Manet, le quittait aux sources du Bandama et descendait le Bani jusqu'au Niger.

Au prix de mille difficultés et de nombreux sacrifices, le capitaine Marchand parvient seul (car le capitaine Manet était mort à Tiassalé) à reconnaître le cours du Bandama. La vallée de ce fleuve crée une véritable clairière, assez étroite d'ailleurs, au milieu d'immenses forêts dont le capitaine trouve la limite nord à 30 kilomètres au nord de Tiassalé. Il s'engage alors dans les plaines qui doivent le conduire jusqu'au Soudan, dans l'espoir d'amener les indigènes à commercer par le Bandama et à apporter leurs marchandises à Grand Lahou qui deviendrait ainsi un port de premier ordre. Il atteint successivement Toumodi, Bouaké et enfin Sakhala où il se heurte sur le Bandama aux avant-gardes des colonnes de Samory. Il poursuit alors sa marche au nord à travers le Djimini et le Diamala, pénètre dans la vallée du Bani, à travers les hauts plateaux du Niger et arrive enfin à Tengréla, reliant ainsi son itinéraire de la Côte d'Ivoire à ses itinéraires du Soudan, en 1894.

Ainsi donc la route cherchée semble trouvée. Ne sera-t-il pas possible de relier le cours du Bandama à celui du Bani? Les marchandises ne peuvent-elles pas suivre cette nouvelle route et ne suffirait-il pas d'établir sur les plateaux très praticables qui séparent ces deux vallées un chemin de fer de 106 kilomè-

tres dont le transit serait assuré? Sans doute, ce n'est là encore qu'un projet, mais un projet dont la réalisation apparaît comme relativement facile.

Malheureusement cette route ne s'étendra pas au delà de 100 kilomètres de largeur sur chaque rive. Il faudrait aussi créer des routes de terre et utiliser pour cela la main-d'œuvre indigène. C'est ainsi que le capitaine Marchand est amené à étudier de très près les populations qui habitent l'intérieur du pays. Il les classe avec une précision dont seul le gouverneur Binger avait jusqu'ici donné l'exemple, et détermine exactement leurs emplacements; il les différencie par leurs noms, et se consacre particulièrement à l'étude des tribus Dioulas dont il faut exploiter les aptitudes commerciales pour les conduire à travers le Baoulé jusqu'aux postes français et jusqu'à la côte elle-même.

Tel est ce magnifique voyage si heureux en résultats géographiques et commerciaux. C'est avec les indications qu'il a recueilies chaque jour que le capitaine Marchand a construit cette carte à laquelle il a donné le nom suggestif de *Transnigérien*. Elle trace donc d'une part le cours du Bandama établi avec une exactitude scrupuleuse, les hauts plateaux qui servent de ligne de partage entre les rivières qui vont à la côte et, d'autre part, le domaine du Niger, le cours supérieur du Bani. Elle donne aussi cette immense forêt tropicale dont l'épaisseur varie de 200 à 300 kilomètres (280 kilomètres dans les vallées du Cavally et du Comoë; 90 seulement dans celle du Bandama). De plus, cette carte se raccorde à l'est et à l'ouest aux itinéraires des voyageurs qui ont précédé ou suivi le capitaine Marchand en Afrique occidentale : René Caillé (1828), capitaine Binger (1888), capitaine Ménard (1891), capitaine Levasseur (1892), Moskowitz (1893), lieutenant Baratier (1894), lieutenant de vaisseau Bretonnet (1895).

Bien qu'établie dans les loisirs de la brousse, cette carte est d'une remarquable exactitude scientifique. Elle a été construite

sur huit observations en latitude : *Tiassalé, Toumodi, Kodiokofi, Satama-Soukoro, Bouaké, Sokola-Dioulassou, Kong* et *Tengréla*. La longitude n'a été estimée que par les angles de route, mais cette absence d'observations précises en longitude est compensée par ce fait que le capitaine Marchand a suivi presque constamment un méridien, ce qui diminuait singulièrement les chances d'erreur.

Le capitaine Marchand apporte ainsi une carte extrêmement utile et qui contribuera à la connaissance précise de la boucle du Niger. C'est un travail de premier ordre et qui, avec la carte dressée par le gouverneur Binger, constitue certainement le document le plus précieux que nous possédions sur cette contrée à peine connue encore, mais dont la possession assurera à la France des avantages commerciaux considérables.

Mai 1896.

INDEX ALPHABÉTIQUE

————————

L'index alphabétique joint à la carte du capitaine Marchand permet d'y retrouver tous les noms géographiques et tous les itinéraires qui y sont mentionnés.

A chaque bande verticale comprise, de trente en trente minutes, entre deux méridiens, correspond une lettre.

A chaque bande horizontale comprise, de trente en trente minutes, entre deux parallèles, correspond un chiffre.

Chaque nom de l'index est suivi de la lettre et du chiffre correspondant aux deux bandes à l'intersection desquelles il est placé sur la carte.

ABRÉVIATIONS

Les noms de l'index
suivis de l'abréviation (v) correspondent à une ville ou un village.

—	(p)	—	une peuplade, pays ou région.
—	(r)	—	un cours d'eau, fleuve ou rivière.
—	(itin)	—	un itinéraire.
—	(rap)	—	un rapide.
—	(m^t)	—	une montagne.
—	(p^{te})	—	une pointe.
—	(lag)	—	une lagune.

A

Aaré (v)	F	8
Aas ou Achantis (p)	F	7
Abali (v)	F	8
Abbeys (p)	G	11
Abé (v)	H	7
Abé (v)	I	8
Abidji (v)	F	8
Abidji (p)	G	11
Abo (v)	F	7
Abo (v)	H	8
Abobo (p)	F	7
Aboiri (v)	F	9
Aboko (v)	G	8
Abokouadio (v)	F	8
Abondo (v)	F	10
Aboua (v)	E	8
Abouagni (v)	H	8
Abouakouro (v)	F	8
Aboui (v)	G	12
Aboukouari (v)	E	9
Abori (mᵗˢ)	G	7
Abori (r)	F	7
Abra (v)	H	12
Abri (v)	F	10
Abrikongo (v)	F	8
Abrikron (v)	F	8
Ababo (v)	E	9
Abui (v)	E	9
Achantis ou Aas (p)	F	7
Acrediou (v)	G	12
Adakrou ou Mamera (v)	F	10
Adaou (v)	H	8
Adaou (v)	F	9
Adda (v)	G	12
Adi (v)	F	7
Adiapou (v)	H	12
Adié (v)	F	9
Adiédougou (v)	F	7
Adiez (p)	G	8
Adikrou (v)	H	8
Adiokoui (v)	F	10
Adiokrou (p)	G	12
Adiouakrou (v)	H	8
Adiouma (v)	F	9
Adioumanigouin (r)	H	8
Adiouou (v)	E	7
Adjemé (v)	H	12
Adjessi (p)	G	11
Adjisi (v)	F	7
Adou (v)	F	7
Adou (v)	F	7
Adou (p)	E	12
Aféré (v)	E	7
Afien (v)	E	9
Afodié (v)	F	9
Afou (v)	F	7
Afouinfouin (v)	G	8
Afombo (v)	F	11
Afué (v)	F	9
Agamé (colline)	F	10
Aganaté (v)	E	9
Agbouas (p)	G	8
Id.	G	9
Agbouas (mont. aurif. des)	G	9
Agneby (r)	G	9
Id.	G	11
Agnis-Morofoués (p)	G	10
Ago (v)	F	8
Agoua (v)	F	7
Agouadou (v)	G	6
Agoua-Okou (v)	G	8
Agouaré-Kouessi (v)	F	8
Agouayan (r)	F	9
Agouayanou (v)	G	7
Agouin (v)	F	8
Agouinsou (v)	F	8
Aharas (p)	G	10
Ahari p)	F	8

Ahouem (v)	F	12	Alépé (v)	I	12
Ahouemou (p)	F	12	Alicodougou (v)	G	7
Ahua (v)	F	11	Alibouma (m^t)	F	10
Ahuaéré (v)	F	11	Aliko (v)	F	7
Ahuakrou (v)	F	10	Alikofikrou (v)	F	10
Ahuanou (p)	F	11	Alokouas (p)	H	11
Aïrimou ou Pokosiabo (v)	F	10	Alokouekrou (v)	F	8
Aka (v)	F	8	Alokous (p)	F	11
Aka (r)	E	8	Alopo (v)	G	12
Id.	F	7	Aloukofekrou (v)	F	8
Akakrou (v)	F	10	Alozo (v)	G	7
Akakrou (v)	G	12	Amakourou (v)	H	8
Akakrou (v)	H	7	Amano (v)	G	8
Akakrou (v)	H	8	Amanou (v)	F	8
Akakrou (v)	G	7	Ambélé (m^t)	E	4
Akanca (v)	F	7	Amesi (v)	E	7
Akanda (v)	H	8	Amitioro (r)	F	11
Akanwi (r)	G	8	Amoin N'Dénou (v)	F	8
Akaoukou (v)	F	9	Amonkadio (v)	F	9
Akara (v)	F	8	Amonou (v)	F	9
Akara (v)	G	8	Amoua (r)	F	10
Akarakrou (v)	F	8	Amoubri (v)	F	9
Akha (v)	I	8	Amoudou (v)	F	10
Akonofo (v)	F	9	Anaiakrou (v)	F	10
Akoua (v)	F	8	Anaka (v)	E	8
Akouabo (v)	F	10	Anakouri (v)	F	7
Akouabo (v)	G	8	Anamansa (r)	F	10
Akouaboni (v)	F	8	Anasio (v)	E	7
Akouaboni (p)	F	8	Andikofi (v)	G	9
Akoua N'Dénou (v)	F	8	Ando (p)	F	7
Akouasi Kouri (v)	F	9	Andofoué (p)	G	9
Akouatou (v)	G	9	André (montagnes de St-)	C	12
Akouba (r)	F	8	Andui (r)	F	8
Akoudié (v)	F	11	Angakouro (v)	F	8
Akouès (p)	E	9	Angodougou (v)	E	6
Akouni (v)	F	10	Angokakou (v)	F	9
Alaka (r)	F	10	Angouaka (r)	E	9
Alangoua (v)	G	8	Angoua (v)	H	8
Alangoua (v)	G	8	Angouassi (v)	G	8
Alangoua (v)	F	9	Anian (r)	F	10
Alangouka (v)	F	10	Aniangori (m^{ts})	F	9
Alani (v)	F	9	Aniatué (v)	H	9
Alass (v)	F	9	Aniéboka (m^t)	E	10

Anindo (v)	H	8	Assapo (v)	F	9
Anno (p)	F	7	Assé (v)	E	9
Ano (v)	F	9	Assé (v)	F	8
Anokou (r)	F	8	Assé (v)	F	10
Anuanfoutou (v)	F	12	Assékokou (v)	E	9
Anuanfoutou (v)	G	7	Assékrou (v)	G	8
Aonanou (v)	F	7	Asséounou (v)	F	8
Aoouma-Soni (v)	G	7	Assingo (v)	E	8
Aouabou (v)	H	7	Assonwé (v)	F	10
Aouakrou (v)	G	9	Assouadé (v)	H	7
Aoulédougou (v)	E	6	Assoum (v)	G	8
Aouma (v)	F	9	Assoumakrou (v)	G	7
Aounianou (v)	E	9	Assui (r)	F	10
Aounianou (v)	F	8	Atiégoua (v)	G	8
Aouro (v)	C	10	Atingoini (v)	H	8
Aouroubo (r)	F	9	Atlakrou (v)	H	9
Aousoukrou (v)	H	8	Atofo (r)	F	10
Apandri (v)	F	9	Atoukrou (v)	H	8
Appoisso (v)	H	8	Atoutous (p)	F	8
Araboué (r)	F	7	Id.	F	9
Arikokroe (v)	F	8	Attaris (p)	G	8
Ascencion (r)	H	11	Id.	G	9
Id.	H	12	Atté (v)	F	8
Asedougou (v)	E	6	Attié (p)	H	10
Asepo (mts)	F	9	Id.	H	11
Asiensien (r)	F	9	Atto (v)	G	8
Asikoué (v)	F	9	Atuya (v)	F	7
Asinzé (v)	F	10	Atrigo (v)	F	9
Asirugué (r)	F	10	Atrokoko (r)	E	9
Asoua ou Gatapouri (v)	F	9	Aurifères (Montagnes-)	E	8
Asoukourou (v)	F	10	Id.	E	9
Asouskrou (v)	H	8	Id.	E	10
Assabou (p)	G	8	Id.	F	9
Assan (v)	F	8	Id.	F	10
Assandéré (v)	F	8	Id.	G	9
Assandré (v)	F	8	Id.	H	9
Assaoutou-Kouamana (v)	H	8	Azokouasou (v)	F	11

B

Ba (r)	H	8	Baba ou Cavalli (r)	A	9
Baba ou Cavalli (r)	A	8	Id.	B	5

Babani (r)	C 3	Banifing de Soucouraba (r)	B 3
Ba-Bimbo (r)	E 9	Baniokana (v)	G 4
Baberou (r)	D 3	Bankokrou (v)	H 8
Ba-Bouloni (r)	D 3	Banoro (v)	H 7
Babraso (v)	H 7	Banoro (r)	D 8
Badéri N'Déri (v)	E 9	Baoulé (r)	A 3
Bafilitou (v)	C 5	Id.	B 6
Bahirmi (v)	H 7	Baoulé ou St-André ou	
Bagoé (Sources du fleuve)	C 6	Sassandra (p)	C 9
Bagoé (r)	C 5	Baraka (v)	A 13
Id.	D 1	Baratier (itin.)	F 11
Id.	D 3	Id.	G 11
Bakanda (r)	F 9	Barindarasou (v)	G 4
Bakoro (v)	G 6	Basha (Grand-) (v)	A 13
Bakoudakouro (v)	F 10	Bassam (Grand-) (v)	H 12
Balandakoro (v)	E 6	Bassam (Lagune de Grand-)	G 12
Baloko (v)	E 4	Id.	H 12
Bama (v)	H 8	Bassikoro (v)	F 11
Bamanaso (v)	B 5	Bassikoro (v)	E 6
Bambaro (v)	F 8	Bassodougou (v)	G 6
Bambaso (v)	G 7	Bassonkouadio (v)	H 8
Bamboso ou Tiéningué (v)	E 6	Bastion de Koa (mt)	G 7
Bamoro (r)	C 7	Batahoué (v)	C 11
Bana (v)	E 5	Batéra (v)	F 11
Banankoro (v)	C 6	Batoko (v)	C 5
Bandama (Sources du fl.)	E 2	Bavé (r)	D 6
Bandama (fleuve)	D 3	Bayasou (r)	G 9
Id.	E 3	Bé (r)	G 7
Id.	E 7	Bécédi (v)	G 11
Id.	F 12	Beguedi (v)	C 3
Bandama rouge (r)	E 9	Belakoroko (v)	B 5
Bandama blanc (r)	E 8	Belé-Kouassi (v)	G 8
Bandama (Petite Rivière)	G 7	Béléla (v)	C 7
Bandoko (v)	G 7	Bellességué (v)	C 3
Bandoko (p)	G 6	Benda (v)	G 6
Bangassi (v)	G 7	Bendo (v)	F 7
Bangasso (v)	G 8	Bénian (v)	G 8
Bango (v)	E 6	Béniandougou (v)	B 4
Bani (Sources du)	C 6	Bénitié (v)	F 9
Banifing (r)	B 3	Benzi (v)	H 8
Id.	B 4	Béré (r)	D 6
Id.	C 3	Id.	E 7
Id.	D 1	Béré (v)	F 7

Bereby (v. Grand-)	B	13
Bereby (v. Bock-)	B	13
Bereby-Mani (v)	B	13
Bereko (v)	C	2
Beri (v)	E	10
Berou (p)	C	5
Bété (v)	F	10
Bettié (v)	I	10
Bia (r)	I	8
Bibélé (v)	G	7
Bidiéli (v)	D	6
Bimbo (r)	E	9
Bin (r)	F	8
Binao (v)	G	11
Bindiali (v)	C	5
Bindini (r)	G	8
Binger (itin.)	E	3
Id.	G	6
Id.	H	9
Blédi (v)	F	8
Boa (r)	B	5
Bobé (v)	C	6
Bobo (v)	G	6
Bobro (r)	G	7
Bock-Bereby (v)	B	13
Bodés (p)	H	10
Bofongo (v)	D	3
Bogoroba (v)	G	6
Bordougou (v)	E	7
Boidougou (p)	C	3
Boipérou (r)	F	12
Bokabo (v)	F	9
Bokara (v)	H	8
Bokara (p)	G	6
Bokaso (v)	F	10
Bokebo (v)	E	7
Bokoni (v)	D	6
Bokrou (v)	H	7
Bolona (v)	C	2
Bolonsobo (v)	E	8
Bomboukrou (v)	G	9
Bonda (v)	F	8
Bondan (v)	H	6
Bondion (v)	C	3
Bondiouroun (v)	C	5
Bondo (v)	E	7
Bondoukou (v)	F	8
Bong (v)	C	3
Bongara (v)	B	5
Bongouaso (v)	F	8
Bongoura (r)	F	10
Boné (v)	E	9
Bonga (v)	C	4
Boniadougou (v)	H	7
Bonon (v)	H	8
Bonon (p)	F	8
Bonoua (v)	I	12
Booulé (v)	G	9
Bopouri (mts)	F	7
Boro (v)	D	6
Boro (v)	E	8
Boroba (v)	B	7
Borobé (v)	F	9
Borogo (r)	G	6
Boromba (r)	E	10
Boron (p)	D	6
Borotou (v)	A	5
Bossi (v)	E	9
Bossi (v)	F	8
Bosso (v)	G	8
Bouadio (v)	E	8
Bouadyakrou (v)	F	8
Bouaka (v)	G	7
Bouakari (v)	G	7
Bouaké (v)	F	7
Bouakounou (v)	G	8
Bouambo (v)	G	8
Boubou (r)	G	8
Boubouana (r)	G	8
Boudougou (v)	D	5
Bougou (v)	G	5
Bougoulo (v)	G	5
Bougouso (v)	B	5
Bougousso (v)	A	4
Bouiko (v)	E	7
Boukoudougou (v)	E	6

Boulomba (v)	E	4	Branzi (v)	G	7
Boumoa (v)	B	4	Breba (r)	G	10
Boungué (v)	F	7	Bredy (v)	F	8
Boungué (v)	F	8	Bretonnet (itin.)	I	8
Bouodiou (v)	F	9	Id.	H	8
Bouoniérédougou (v)	F	6	Brette ou Highland (r)	C	13
Bourasué (v)	I	9	Bribri (m¹)	G	8
Bouregueni (r)	F	7	Brimbo (v)	B	5
Bourou (v)	F	8	Brimbo (v)	F	11
Bourou (v)	F	8	Brinian (p)	F	12
Bourou (v)	G	8	Brorokak (v)	A	13
Bouroubourou (v)	F	11	Broubo (r)	E	7
Bouroukrou (v)	F	8	Broubrou (v)	G	6
Boussou (v)	F	9	Broukouadio (v)	F	8
Boyo (v)	C	3	Byué (v)	G	11
Bozi (v)	G	7			

C

Caillé (itin. René-)	C	3	Comoé (fl)	F	2
Cavally (v)	A	13	Id.	I	12
Cavally (r)	A	12	Id.	G	4
Cavally ou Baba (r)	A	8	Id.	H	6
Id.	A	9	Id.	H	9
Id.	B	5	Comoé (Sources du fl.)	E	1
Colingo (v)	E	7	Congodougou (v)	G	7
Colline Agamé	F	10	Cosroé (v)	G	12
Comoé (v)	G	8	Couinkourou (v)	I	9

D

Dabakala (v)	G	6	Dagolodougou (v)	F	6
Dabala (v)	B	6	Dagréné (r)	E	12
Dabara (v)	D	2	Id.	E	13
Dabena (v)	C	6	Dakamana (v)	F	8
Dabo (v)	D	12	Dakhara (v)	G	4
Dabokriza (r)	G	6	Dakara (v)	G	6
Dabou (v)	G	12	Dakosi (v)	F	9
Dabouotié (v)	F	11	Daladié (v)	B	4
Dabrikourou (v)	F	8	Dalango (v)	E	5
Dadié (v)	G	7	Dalango (v)	F	5

Damani (v)	G	8	Dielisoka (v)	G	6
Dandougou (v)	D	6	Diénéba (v)	F	5
Dangotologo (v)	D	7	Dieoulo (v)	G	6
Dani (v)	C	2	Dierokouassi (v)	F	9
Dansoro (v)	D	2	Digba (v)	E	10
Danzougou (v)	E	5	Digo (v)	E	7
Dao (v)	G	9	Diguisou (v)	F	11
Daropi (r)	F	11	Dihabo (v)	F	7
Datiéfélé (v)	G	7	Dimbaso (v)	C	2
Datiéfil (v)	G	7	Dindougou (v)	F	3
Daye-Kouamana (v)	E	9	Dinédougou (v)	E	7
Débété (v)	C	2	Dingorogo (v)	E	6
Debrimou (v)	G	12	Dingoué (v)	G	8
Dedougou (v)	D	2	Dingué (v)	E	5
Dekeneh (v)	A	13	Dinguéla (v)	B	4
Demasou (v)	F	3	Dinguira (p)	G	9
Denguéli (mt)	A	4	Dinguiro (v)	F	9
Derebrou (v)	F	10	Dinia (v)	F	8
Derikofi (v)	E	7	Diogo (v)	C	5
Diabaso (v)	D	2	Diomarandougou (v)	G	6
Diaboro (r)	G	6	Diombokan (v)	C	2
Diagboua (v)	F	11	Diombokrou (r)	G	12
Diakora (v)	G	7	Diongara (n)	G	4
Dialako (v)	D	6	Diongo (r)	E	8
Diamala (p)	G	7	Id.	F	8
Diamelo (v)	F	7	Diongo (mls)	F	9
Diami (v)	G	4	Diongoro (v)	G	5
Diangoraka (v)	G	4	Dionkhoso (v)	F	3
Diangouanaso (v)	G	5	Dionkrou (v)	H	7
Dianzoukrou (v)	F	10	Dioula Mandé (p)	G	1
Diarakrou (v)	G	3	Id.	G	2
Diaria (v)	G	6	Id.	G	3
Diaso (v)	E	6	Id.	G	4
Dibokouro (v)	E	9	Id.	G	5
Dida (v)	F	10	Id.	H	6
Didomine (r)	C	13	Id.	H	7
Didas (p)	F	12	Dioulassou (v)	G	7
Didievi (v)	F	9	Dioulassou (Sokola) (v)	G	6
Dido (r)	B	13	Dioumanténé (v)	D	2
Dié (v)	F	7	Divinoua (v)	E	7
Die (v)	F	10	Diza (v)	E	7
Diéko (v)	F	8	Djangokrou (n)	H	8
Dieléadougou (v)	G	6	Djidana (v)	G	6

Djidoro (v).............. D 4
Djimbé (v)............... E 4
Djimbirisi (v)............ G 7
Djimini (p)............... G 6
Dlebra (r)................ E 7
Dobaré (r)............... G 10
Dodio (v)................ F 5
Dogoro (r)............... F 12
Doka (r)................. F 7
Dokosso (v).............. F 11
Dombadougou (v)......... B 6
Domelasso (r)............ G 8
Don (v).................. F 8
Dongba (v).............. H 8
Dongouassi (v)........... E 8
Dongouro (v)............ D 6
Donmo (v)............... F 10
Dontereka (v)........... C 2

Donusou (v)............. F 10
Dorodougou (v).......... E 7
Dorogora (r)............. F 10
Dossi (v)................ F 10
Doua (v)................ F 8
Douakrou (v)............ H 9
Dougoudédougou (v)..... E 6
Dougougné (v).......... B 5
Dougououoto (v)........ E 3
Dougoutiguiso (v)....... G 6
Doukaoroko (v)......... F 11
Doukou (v)............. F 8
Doukoudougou (v)....... E 5
Doukoudougou (v)....... E 5
Doumbala (v)........... B 5
Doumoudougou (v)....... F 7
Drewin (Grand-) (v)...... C 13

E

Ebrié (p)............... G 11
Ekmamoué (v).......... H 9
Ekou-Kouango (v)....... F 9
Eleso (v)............... H 9
Eliesou (v).............. F 11

Eloumoïs (p)............ F 10
  Id, ... F 11
Essankouro (v).......... G 8
Every (v).... .... B 12

F

Fa (r)................... E 6
Id. .... E 7
Id. .... F 6
Faafoués (p)............ F 8
  Id.   .... F 9
  Id.   .... E 9
  Id.   .... E 10
Fadougou (p)............ B 2
Fafa (r)................ G 4
  Id. .... G 5
Fakorokourou (v)....... B 4
Famaloko (v)........... D 3

Famaradougou (v)....... E 4
Fana (r)................ D 2
Fangoli (v)............. G 7
Fansékédougou (v)...... C 6
Fansokodougou (v)...... C 5
Faraba (v).............. D 6
Faracoro (v)............ B 4
Farafié (v).............. D 5
Farako (v).............. G 6
Farali (v).............. B 3
Farangouédougou (v).... C 7
Faratialédougou (v)..... C 6

Fardo (m¹)	G	6	Foo (r)	G	6
Féguéré (v)	E	4	Fouguété (v)	D	2
Féla (v)	D	6	Fouladougou (p)	B	4
Féleséguetia (v)	G	6	Foulaso (v)	D	6
Fété (v)	E	10	Foumbo (p)	G	6
Filinidougou (v)	G	6	Foumbolo (v)	G	6
Findébé (v)	F	5	Foumbou (r)	D	5
Fitima (v)	G	8	Fourou (v)	D	2
Folona (p)	E	3	Fourougoula (v)	E	7
Id.	E	4	Fouroukouna (v)	B	2
Fombiaso (v)	C	2	Forenasso (v)	B	3
Fonfara (v)	H	7	Francikekoro (v)	G	6
Fonoso (v)	E	5	Fresco (v)	E	12

G

Gabia (v)	E	10	Golis (p)	E	7
Gagou (v)	H	9	Gomonobo (v)	F	9
Gagous (p)	D	10	Gon (v)	C	2
Gangoro (v)	F	8	Gon (v)	F	5
Ganozoni (v)	D	5	Gon (r)	F	11
Ganra (p)	G	7	Id.	F	12
Gaolo (v)	D	12	Gona (v)	G	6
Gaoumbo (v)	C	11	Gona (v)	D	7
Garabo (v)	E	8	Gona (p)	B	4
Garama (v)	D	2	Gonandou (v)	B	6
Garo (v)	F	11	Gondo (v)	G	7
Garo (p)	F	11	Gondosso (v)	E	6
Gata (v)	F	8	Gonkougo (v)	C	5
Gatapouri ou Asoua (v)	F	9	Gontatougou (v)	F	5
Gissadougou (v)	D	6	Gorala (v)	G	6
Gkomba (v)	G	7	Goréti (m¹)	F	10
Gobala (m¹)	E	5	Goro (v)	G	6
Goboua (v)	F	12	Goros (p)	E	7
Gogoulo (v)	G	5	Gottoro (v)	E	7
Goko (v)	E	9	Gou (r)	D	4
Goko (v)	G	6	Id.	E	5
Golfe de Guinée	D	13	Gouabelasou (v)	F	8
Id.	E	13	Gouabelassou (v)	H	7
Id.	F	13	Gouagnion (v)	G	7
Id.	G	13	Gouamelasso (v)	C	5
Id.	H	13	Gouara (v)	E	6

Gouassi (v)	F	7	Grand-Bassam (lag)	H	12
Goudi (v)	F	11	Grand-Bereby (v)	B	13
Goué (v)	E	9	Grand-Drewin (v)	C	13
Gouénégué (v)	E	7	Grand-Jack (v)	G	12
Gouérékoro (v)	G	6	Grand-Lahou (v)	F	12
Gouéréséma (v)	G	6	Grand-Tabou (v)	A	13
Gouétédougou (v)	E	6	Grand-Tahou (v)	B	13
Gouétogo (v)	B	7	Grand-Trépoint (v)	D	13
Gouindala (v)	E	6	Grand-Victory (v)	C	13
Gouinsoro (p)	E	5	Gualaka (p)	B	4
Gouni (v)	D	3	Guatamoir (r)	E	8
Goura (v)	E	9	Guéréname (v)	G	8
Gourbakou (v)	F	11	Guibourousso (v)	B	5
Gouridama (v)	H	7	Guimisikorola (v)	C	5
Gouropan (v)	F	9	Guina (v)	G	9
Gouropan (mts)	E	9	Guinée (golfe de)	D	13
Gouros (Territoire des)	D	7	Id.	E	13
Id.	D	8	Id.	F	13
Id.	E	9	Id.	G	13
Id.	E	10	Id.	H	13
Goyandara (r)	F	8	Guinso (v)	G	5
Grafi (v)	F	12	Guinsou (v)	E	6
Grand-Basha (v)	A	13	Guiré (r)	C	5
Grand-Bassam (v)	H	12	Guitri (v)	F	11
Grand-Bassam (lag)	G	12			

H

Hamezidougou (v)	E	7	Highland ou Brette (r)	C	13
Hamezidougou (v)	E	7	Holé (r)	C	13
Haokouro (v)	E	7	Hombrokou (v)	G	12
Hassadougou (v)	E	7	Houboua (r)	F	12
Heron (v)	B	13	Hylé ou Tableaboou (v)	A	13

I

Iakourou (v)	H	8	Imperié (v)	I	12
Iaou (v)	I	12	Indenié (p)	H	9
Iaousédougou (v)	G	6	Irani-Dio (r)	C	5
Iélé (v)	D	3	Irigué-Niémin (v)	F	5
Ilora (v)	H				

J

Jack (Grand-) (v)........ G 12 | Jacks (p)................ G 12
Jackville (v).............. G 12 |

K

Kaabo (v)................	E	8	Kamélinsou (v).........	H	7
Kabediou (v)............	E	6	Kamelinsou ou Kanganti-		
Kadiaso (v)..	C	5	nou (v)................	H	8
Kadioli (v)..............	G	6	Kamoni (v).............	E	7
Kodiolo (v)..............	G	5	Kamono (v).............	F	7
Kadiolona (v)............	D	2	Kan (r).................	E	8
Kadioua (v).............	E	5	Id.	F	7
Kadjala (v)..............	F	7	Id.	F	10
Kadjite (v)..............	F	5	Kanango (v)............	F	8
Kadoy (v)...............	D	12	Kandé (r)...............	E	7
Kaffané (v).............	G	6	Kandinou (v)............	H	7
Kafiguiba (p)...	C	5	Kandoro (v).............	B	4
Kafilika (v).............	E	5	Kangantinou ou Kamelin-		
Kafilima (v).............	F	5	sou (v)................	H	8
Kafilo (v).............. ..	E	5	Kangara (v).............	B	6
Kafodougou (v).........	G	6	Kangona (v)............	E	6
Kafotomo (v)...........	G	6	Kangranso (v)...........	G	6
Kafourima (v)...........	F	6	Kani (v)................	C	6
Kakon (r)...............	G	7	Kaniaoulé..............	G	6
Kakono (v)..............	G	6	Kaniaso (v).............	C	3
Kakotoma (v)............	F	6	Kaniéné (v).............	C	5
Kakoroko (v)............	D	3	Kaniéné (v).............	D	6
Kakou (v)...:..........	E	9	Kanienema.............	F	5
Kakoussé (v)............	H	8	Kanieni (v).............	D	3
Kaladiandougou (p)......	B	5	Kanniera (v.............	F	3
Kalaké (v).........	D	3	Kano (v)...............	F	8
Kalakono (v)............	D	2	Kanogo (v).............	D	5
Kalidié (v)..............	G	5	Kantli (p)...............	C	2
Kaliola (v)..............	F	7	Kanünbo (m^t)..........	F	8
Kaliwa (v)..............	D	3	Kao (v)................ .	E	4
Kamanou (m^t)..........	F	8	Kaokaa (v).............	E	4
Kámé (v).;.............	F	8	Kaolo (p)...............	G	6
Kaméléma (v)..........	G	6	Kaonzi (v)..............	F	9
Kamélinso (v).....	G	7	Kaooulé (v).............	E	4

Kaoua (m⁴ʰ)	G	6	Ketté (p)	H	11
Kaoulé (v)	F	7	Kilingola (v)	C	3
Kapelé (v)	G	6	Kimini (v)	F	3
Kapéli (v)	E	4	Kinguéné (r)	G	5
Kapi (v)	F	4	Id.	H	6
Kapolo (v)	G	6	Kinjabo (v)	H	8
Kara (v)	H	8	Kintala (v)	C	3
Karaba (v)	E	5	Kiriman (v)	G	7
Karabasasou (v)	F	3	Kissoba (v)	H	7
Karafébé (v)	E	4	Klakalaya (v)	F	8
Karako (v)	C	5	Ko (riv. de)	F	9
Karo (v)	F	8	Koa (bastion de) (m¹)	G	7
Kaséliké (v)	D	3	Koba (r)	G	4
Kaselikeba (v)	D	3	Kobadala (v)	D	6
Kasoukono (v)	G	6	Koboua (v)	H	8
Kassogo (v)	D	2	Kodé (v)	D	7
Katala (v)	G	6	Kodés (p)	E	8
Katara (v)	C	4	Kodié (v)	E	9
Katéningué (v)	D	3	Kodio (v)	E	7
Kati (v)	C	10	Kodiokofi ou Kouadiokofi (v)	F	9
Kati (v)	F	5	Kodio-Kongoso (r)	E	7
Kati (v)	G	6	Koema (v)	G	8
Kati (v)	E	4	Kofidougou (v)	D	6
Katiala (v)	D	3	Kofidougou (r)	G	7
Katiali (v)	D	3	Kofikrou (v)	H	8
Katiéro (v)	F	7	Kofi-Pouré (v)	G	8
Katio (p)	F	7	Kofi-Saméni (v)	G	7
Kato (v)	G	6	Kofitin (v)	F	7
Katokola (v)	D	3	Kofitiou (v)	C	5
Katon (v)	D	2	Kogni ou Yokoboué (r)	F	11
Katora (v)	E	5	Kogoro (r)	F	5
Katorota (v)	C	3	Kogoué (v)	G	7
Kayabo (v)	F	8	Koina (v)	C	6
Kayarako (v)	D	3	Koïra (v)	B	5
Kebeni (v)	D	2	Koitabo (v)	F	7
Kebiesso (v)	F	12	Koko (v)	D	5
Kenedougou (p)	E	2	Koko (v)	E	5
Keoualebougou v	E	3	Kokobo (v)	F	8
Kepelé (v)	F	8	Kokodjimbala (v)	C	5
Kérebé (r)	G	10	Kokomba (v)	G	7
Kerekété (v)	B	5	Kokoné (r)	F	9
Keretigui (v)	F	3	Kokoni (v)	E	8
Ketiebou (v)	G	7	Kokonkou (v)	F	9

Kokoré (r)	F	9	Kongoso-Kodio (v)	E	7
Kokosou (v)	G	6	Kongoti (v)	H	8
Kokou (v)	F	8	Kongou (r)	C	13
Id.	G	8	Kongouélé (v)	E	6
Id.	F	11	Kongouromba (v)	B	3
Kokoukouamé (v)	F	8	Konkilicoro (v)	G	5
Kokoumbo (v)	E	10	Konwi (v)	H	6
Kokoumbo (mᵗ)	E	10	Konzadougou (r)	E	7
Kokouna (v)	B	4	Kootrou (v)	D	12
Kokouo-Yakakouré (v)	F	9	Koramoko (r)	G	6
Koladougou (v)	F	5	Korato (v)	G	6
Koli (v)	F	7	Korikrou (v)	F	9
Kolia (v)	C	4	Koro (v)	A	6
Kolo (v)	G	6	Koroko (v)	E	4
Kolo (p)	F	5	Korokouasi (v)	F	8
Kologué (v)	B	4	Koroma (v)	F	7
Kololouka (v)	F	5	Koroniodougou (v)	G	6
Kolonko (v)	G	4	Koronioumanso (v)	B	7
Kolon-Niolama (r)	D	6	Kosiamoukrou (v)	F	10
Komalié (r)	F	9	Kossangoua (v)	G	6
Komanabo (v)	E	7	Kossikrou (v)	F	10
Komanadougou (v)	E	6	Kossodougou v)	G	6
Komankrou (v)	F	10	Kotéré (v)	F	3
Kombalako (v)	G	7	Kotiéba (v)	B	4
Kombélaso ou Kouma-			Kotola (v)	G	6
raso (v)	H	7	Kotoso (v)	D	5
Kombo (v)	H	8	Kotoula (v)	C	2
Komboré (v)	D	4	Koua (v)	G	7
Komelassi (v)	F	7	Koua (v)	G	8
Komno (v)	G	7	Kouabo (v)	F	8
Komono (pic des)	G	4	Kouabo (v)	F	8
Kona (v)	B	5	Kouaboka (mᵗ)	F	10
Id.	G	7	Kouadio (v)	G	7
Kondo (v)	G	8	Kouadio (v)	F	8
Kondolicoro (v	B	7	Kouadio (v)	G	8
Kondorobo (v)	G	8	Kouadio (v)	G	8
Kondoso (v)	G	7	Kouadiofofoye (v)	F	8
Kong (v)	G	5	Kouadiokofi (v)	F	9
Kong (p)	G	5	Kouadiokrou (v)	F	9
Kongo (v)	F	8	Kouadio-Sa (v)	F	8
Kongobokouro-Yatopo (v)	F	8	Kouadioukrou (v)	H	8
Kongoli (mᵗ)	F	10	Kouadio-Yaou (v)	G	9
Kongomaladougou (v)	G	6	Kouakou (v)	F	8

Kouamana (v)	E	10	Koukoubombo (v)	E	5
Kouamana (v)	F	8	Koulicoro (v)	C	2
Kouamana (v)	F	8	Koulou (v)	F	8
Kouamana (v)	G	8	Kouloukoundougou (v)	E	5
Kouamana (v)	G	9	Koumaraso ou Kombe-		
Kouamana-Assaoutou (v)	H	8	laso (v)	H	7
Kouamana-Daye (v)	E	9	Koumbelé (p)	G	6
Kouamana-Dé (v)	F	8	Koumbobo (v)	F	10
Kouambo (v)	G	3	Koundo (v)	F	8
Kouamé (v)	F	7	Kouniadougou (v)	E	7
Kouamé (v)	F	8	Koungoïkrou (v)	H	8
Kouamé (v)	F	10	Kouo (r)	F	7
Kouamé (v)	G	8	Kouraya (v)	H	8
Kouango-Ekou (v)	F	9	Kouri (v)	H	7
Kouanango (v)	H	8	Kouri-Akouasi (v)	F	9
Kouaoukrou (v)	H	8	Kouriffi (v)	E	9
Kouasi (v)	E	7	Kourongou (r)	F	8
Kouassi (v)	E	10	Kouroni-Massaré (v)	B	7
Kouassi (v)	F	8	Kourou (v)	G	5
Kouassi (v)	F	8	Kourou (v)	G	8
Kouassi (v)	F	9	Kouroudougou (p)	D	6
Kouassi (v)	F	10	Kouroufou (v)	F	10
Kouassi (v)	G	8	Kouroukoro (v)	G	7
Kouassi (v)	H	7	Kouroukourou (v)	E	9
Kouassi-Agouaré (v)	F	8	Kouroumakari (v)	G	7
Kouassi-Bélé (v)	G	8	Kouroumana (v)	B	5
Kouassidougou (v)	E	6	Kourouméara (v)	H	7
Kouassikouri (v)	F	8	Kouroumia-Bélé (v)	G	6
Kouassiturikrou (v)	G	7	Kourounkono (v)	G	7
Kouba (v)	A	2	Kousandougou (v)	H	7
Koubétié (r)	F	10	Koussikrou ou Ouoré ou		
Koudiani (v)	G	8	Koutoukounou (v)	H	8
Koudiari (v)	C	4	Koussou (r)	E	9
Koudounou (v)	F	11	Id.	F	9
Kouekou (v)	G	7	Koutiéni (v)	B	5
Kougoudia (v)	H	7	Koutioudougou (v)	D	6
Kougoudian (v)	E	7	Kouto (v)	C	3
Kougouné (v)	G	6	Koutou (r)	F	11
Kouguéri (v)	E	6	Koutoukounou ou Koussi-		
Koukaranza-Nakoro (v)	D	6	krou ou Ouoré (v)	H	8
Koukou (r)	F	5	Koutouroubo (v)	G	8
Id.	F	10	Koyabo (v)	E	7
Koukou (r)	G	5	Koyaradougou (v)	D	7

Koysou (v)	H	7	Krou (pays de)	A	13
Koysou (v)	H	7	Id.	B	13
Krégapoé (v)	H	8	Id.	C	13
Krékoyawa (v)	F	7	Kumou (v)	F	10
Krétin (r)	F	10	Kwakoukourou (v)	G	7

L

Labasso (v)	B	4	Libéria (p)	A	13
Labougou (v)	D	5	Limbélé (mᵗ)	F	7
Ladjikrou (v)	F	8	Limono (v)	G	4
Ladjisou (v)	F	8	Lindira (r)	F	9
Ladougou (v)	H	7	Lingoui (v)	G	8
Lafiboro (v)	G	7	Linguadougou (r)	D	5
Lahebonou (v)	E	7	Linguebo (v)	F	7
Lahou (Grand-) (v)	F	12	Logou (v)	E	5
Lahou (lagune de)	F	12	Lohin (v)	F	6
Lahou (Petit-) (v)	E	13	Lokhognilé (v)	G	3
Lakouno (v)	E	6	Lokhosou (v)	G	4
Lanédougou (v)	G	6	Lolé (v)	D	2
Langboua (v)	G	9	Lolinzo (v)	E	6
Langdon (mᵗ)	D	12	Lomé (v)	E	4
Langédougou (v)	C	4	Lomo (v)	F	9
Langoisso (v)	G	7	Lomousa (v)	D	7
Laniéné (v)	G	6	Longo (v)	E	5
Laoukrou (v)	H	7	Longura (v)	E	6
Laouvoubo (v)	F	10	Loténé (v)	C	7
Lato (v)	E	6	Lotiézala (v)	E	5
Lato (r)	G	6	Loufougoula (v)	G	6
Leïboro (v)	G	6	Loutiala (v)	G	6
Lenguékoro (v)	C	5	Los (p)	D	7
Lera (v)	F	3	Losibri (v)	C	7
Lera-Ba (r)	E	3	Losso (chaîne)	F	8
Id.	F	3	Losso (mᵗ)	G	8
Lessara (v)	E	5	Loumourokoro (v)	D	6
Letora (r)	F	5			

M

Madina (v)	D	6	Maka (v)	D	6
Madou (v)	G	7	Makalé (v)	C	3
Maï (r)	H	9	Makandala (v)	D	6
Id.	H	11	Makaniana (v)	C	3

Makhandougou (v)	E	3	Ménard (itin.)	F	5
Maladou (v)	B	3	Ménena (v)	C	7
Malé (v)	G	8	Ménou (v)	H	8
Maméra ou Adakrou (v)	F	10	Mérénié (v)	C	6
Manakomo (v)	F	8	Messey (v)	D	12
Mandakhara (v)	F	3	Mettoro (v)	B	6
Mandé-Dioula (p)	G	1	Mina (mᵗ)	E	1
Id.	G	2	Minrui (v)	F	10
Id.	G	3	Minzio (v)	F	10
Id.	G	4	Minzué (v)	F	10
Id.	G	5	Mirimiri (v)	C	5
Id.	H	6	Missankrou (v)	G	9
Id.	H	7	Missaso (v)	C	2
Mandoufoués (p)	G	9	Missey (v)	D	12
Mandougou (v)	A	4	Missidougou (v)	D	6
Manet (mᵗ)	F	9	Moëso (v)	D	12
Manfou (chutes)	F	10	Molonou (v)	F	10
Mango (v)	H	7	Mona (p)	C	7
Mangorosso (v)	H	7	Monandou (v)	C	5
Mangoua (v)	E	7	Moné (v)	H	8
Mani (r)	F	12	Monga (v)	G	9
Mani-Bereby (v)	B	13	Monis (p)	E	7
Maninian (v)	A	3	Montagne ovale	B	12
Marondo (v)	C	5	Montagne de St-André	C	12
Massadiana (v)	B	5	Montagnes aurifères	E	8
Massana (v)	B	5	Id.	E	9
Massaouiridougou (v)	C	5	Id.	E	10
Massara (v)	D	7	Id.	F	9
Massaré Kouroni (v)	B	7	Id.	F	10
Massaso (v)	C	5	Id.	G	9
Massédougou (v)	A	6	Id.	H	9
Masséguémé (v)	D	5	Id.	F	11
Massérémé (v)	E	5	Mont Rond	B	13
M'Balla (v)	G	6	Morava (r)	F	9
M'Bégué (v)	D	3	Morenou (p)	H	9
M'Boings (p)	E	3	Moria (v)	C	6
M'Bota (v)	D	3	Morikédougou (v)	C	6
Mé (r)	G	7	Moro (p)	D	2
Mélenda (v)	G	5	Morofoués-Agnis (p)	G	10
Méméné (p)	E	10	Moroko (r)	E	9
Ménaboui (v)	G	8	Moskowitz (itin.)	I	8
Ménaïri (p)	F	11	Mouaiébo (mᵗ)	F	8
Ménard (itin.)	C	7	Mouanfoués (p)	E	9

Moungo (v)............. F 8
Mouonimbo (v)......... C 3
Mouosé (v)............. H 12
Mouroukrou (v)......... H 7

Moussoukrou (v)........ G 9
M'Pélé (v)............. C 3
M'Peniéguéso (v)........ C 2

N

Nafana (v)............. F 5
Nafana (p).. .... B 5
Nafara (p)............. E 4
Nafégué (v)............ D] 2
Nafogo (r)............. F 6
Nafougo (v)............ E 5
Naïeboué (mᵗ).......... F 9
Nakala (v)............. F 5
Nakala (v)............. G 6
Nakaragua (r).......... F 6
Nakoro Koutaranza (v)... D 6
Nakouéré (r)........... F 5
Nahoukelidougou (v)..... E 5
Nalerela (v)........... G 6
Namalayara (v)......... F 5
Namanasso (v).......... G 6
  Id.   .... G 6
Namanion (v)........... H 7
Nana (v)............... E 9
Nanafoués (p).......... F 9
Nanaya (r)............. E 7
Nandibo (v)............ F 12
Nandiéli (v)........... G 6
Nandlo (v)............. E 5
Nandougo (v)........... F 9
Nango (v).............. G 9
Nangolé (v)............ C 3
Nangopéli (v).......... F 5
Nangouérédougou (v).... F 6
Nangowotatoronkoro (v).. E 5
Naniaso (v)............ C 2
Nanlara (v)............ C 5
Naolo (v).............. G 6
Naolo (p).............. G 6
Naona (v).............. G 6
Napokala (v)........... E 5

Narrow (lag.).......... B 13
Nasoulou (v)........... F 5
Natéré (v)............. G 6
Natota (v)............. G 3
Navari (v).... .... G 5
N'Da (v)............... G 8
N'Damé (v)............. H 8
N'Daonzan (v).......... G 9
N'Débéléka (v)......... F 5
N'Dédougou (v)......... D 2
N'Dénou (v)............ E 8
N'Dénou (v)............ F 8
N'Dénou (v)............ G 8
N'Dénou-Aboin (v)....... F 8
N'Déré (v)............. F 7
N'Déri-Baderi (v)........ E 9
N'Déri-Kado (v)........ F 9
N'Déri-Yaho (v)........ E 9
N'Diagau (v)........... C 3
N'Diénou (v)........... H 8
N'Diés (p)............. G 8
N'Difou (p)............ E 11
N'Dioma (r)............ G 8
N'Diri (v)............. F 9
N'Do (v)............... F 7
N'Do (r)............... F 9
N'Dofou (v)............ F 10
N'Dokodougou (v)........ G 6
N'Douci (v)............ F 11
N'Dougouni (v)......... H 8
N'Drikouro (v)......... G 8
Nedienka (v)........... D 3
Neekoro (v)............ E 6
Neguépié (v)........... C 2
Ngala (v).............. G 6
N'gata (v)............. F 8

N'Gbans (p)	F	8	Niéguéli (v)	E	7
Id.	F	10	Niékélé (v)	G	7
N'Gbessan (v)	F	7	Niémen-Irigué (r)	F	5
N'Go (v)	F	9	Niené (p)	C	3
N'Goko (v)	D	2	Nienindougou (p)	C	1
N'Gokrou (v)	H	7	Nigbi (p)	D	6
N'Goli (v)	F	8	Niger oriental (*Sources du*		
Ngolo (v)	B	3	*Bani ou*)	C	6
N'Golodieni (v)	.C	4	Nimédougou (r)	F	5
Ngoua (p)	D	7	Nin (*m*ᵗ)	F	8
Ngouan Yobouébo (v)	F	8	Nin (r)	F	8
Ngoumkoura (v)	F	8	Nindana (v)	D	6
N'Guessankouro (v)	F	8	Nimakiri (v)	E	6
Niabou (r)	F	10	Niniogoni (v)	C	4
Niaférédougou (v)	B	5	Niodji (v)	C	5
Niafounambo (v)	G	4	Nionkorou (v)	C	6
Niagana (v)	D	6	Niougouni (v)	C	2
Niakabé (v)	D	6	Nominadougou (v)	G	6
Niamaso (v)	B	4	Nomorossi (v)	G	6
Niambégué (v)	E	4	Nompani (v)	D	3
Niambien (r)	F	6	Nonoso (v)	G	5
Niamié (v)	E	9	Noolou (p)	B	4
Niamwé (v)	F	11	Noro (v)	G	8
Nianbifen (r)	E	6	Nouelli (v)	E	3
Nianda (v)	F	11	Noumou (v)	E	6
Nianganfolo (v)	E	4	N'Sepio (p)	F	12
Niangbo (v)	F	6	N'Siesou (v)	F	9
Niangbokourou (*m*ᵗˢ)	F	5	N'Wona Goulasso (v)	C	3
Niangodibo (*m*ᵗ)	F	10	N'Woniaso (v)	C	3
Niangourala (v)	E	6	N'Zi (v)	G	9
Nianimé (v)	G	6	N'Zi ou Zini (r)	G	9
Niarana (v)	D	6	N'Ziano (v)	F	11
Niarifisa (v)	B	6	N'Ziso (v)	C	2
Niaso (v)	D	2	N'Zo (v)	G	8
Niatibo (v)	E	6	N'Zokoumo (v)	G	7
Niebé (*lag.*)	B	13			

O

Odienné (v)	A	4	Okoukouamana (v)	F	9
Okou (v)	F	9	Omien (*m*ᵗ)	F	9
Okou-Agoua (v)	G	8	Ono (v)	I	12

Oreangoiré (v)	G	7	Ouogolo (v)	D	3
Ossoukrou (v)	G	8	Ouolo (v)	B	3
Ouandé (v)	C	6	Ouologo (r)	F	9
Ouasséto (v)	G	4	Ouomo (v)	C	3
Ouassoulou (p)	A	2	Ouoré ou Koussikrou ou		
Ouelasso (v)	G	6	Koukoukrou (v)	H	8
Ouéléguédougou (v)	E	5	Ouorié (p)	H	8
Oumalokho (v)	E	2	Ouorofira (v)	B	7
Oumalokho (v)	E	3	Ouossou (v)	F	10
Oumé (v)	E	9	Ouozomo (v)	C	5
Ounmdi (v)	G	8	Ourombo (mᵗ)	F	10
Ouo (r)	F	10	Ovale (Montagne-)	B	12
Id.	F	10			

P

Païpibris ou Peïbras (p)	B	9	Pitia (r)	E	6
Palakas (p)	F	4	Id.	F	6
Papara (v)	D	2	Pitiba (r)	G	8
Papara (v)	F	3	Plaoulou (v)	B	13
Paporesou (v)	F	7	Pobi (v)	G	8
Parakoro (v)	E	6	Poinna (v)	H	7
Patapora (v)	F	11	Poira (v)	F	5
Patié (r)	F	8	Pokobo ou Totoli (v)	F	10
Patto (p)	C	5	Pokorodiabo (r)	F	10
Paxaga (v)	G	4	Pokosiabo ou Aïrimou (v)	F	10
Pedietola (v)	G	6	Pokou (v)	F	7
Pedro (Riv. San-)	B	12	Pokoutou (v)	D	6
Pedro (San-) (v)	C	13	Poli (r)	E	7
Peïbras ou Païpibris (p)	B	9	Pomporo (p)	D	2
Penambouambo (v)	F	7	Pon (mᵗ)	F	8
Peninkié (v)	E	5	Pongo (r)	F	6
Péré (r)	F	6	Popo (v)	D	2
Péré (r)	G	5	Popo ou Zini (r)	F	4
Pertio (v)	C	3	Poro (v)	G	6
Pété (r)	G	8	Poro (p)	D	2
Pétékélé (v)	C	3	Poromandi (v)	H	8
Péténou (v)	E	7	Poroquiri (v)	E	10
Pétépré (v)	I	11	Potoïri (v)	G	8
Petit-Lahou (v)	E	12	Potou (lag.)	H	12
Petit-Tabou (v)	A	13	Poua (r)	F	11
Pillinsou (v)	F	3	Poualia (v)	F	11
Pirikrou (v)	H	7	Pouétérékouro (v)	G	8

Poulara (r)	F	8	Pouri (r)	E	11
Id.	F	9	Pouri (Zodé-) (v)	E	8
Poulesou (v)	E	10	Prangrokrou (v)	G	8
Poulounou (v)	F	8	Prompokrou (v)	H	7
Poundia (v)	E	5	P'Rou (v)	D	2

Q

Qui (v)	E	9	Quiquerez (itin.)	C	13

R

René Caillé (itin.)	C	3	Rond (mᵗ)	B	13
Rilloum (v)	C	13			

S

Sa (v)	F	10	Samokoso (v)	G	6
Saba (r)	F	10	San (v)	C	2
Sabo (v)	E	9	Id.	G	8
Sabonina (v)	E	6	Sanameni (v)	G	7
Saeoués (p)	F	10	Sanankoro (v)	G	7
Safiguebougou (v)	D	2	Sandergou (v)	F	3
Safodougou (v)	E	7	Sandiougouta (v)	G	6
Safolo (v)	G	7	Sangala (p)	E	6
Sahoui (v)	C	10	Sangana (v)	C	3
Saint-André ou Sassandra			Sango (r)	F	7
ou Baoulé (p)	C	8	Sangoran (p)	G	7
Saint-André (montagnes de)	C	12	Sangouérédougou (v)	H	7
Sakala (v)	D	6	Sangousso (v)	F	7
Sakaso (v)	F	9	San-Pedro (r)	B	12
Sakaso (v)	F	10	San-Pedro (v)	C	13
Sakasso (v)	E	8	Sansoba (v)	B	5
Sakedougou (v)	G	4	Sarala (v)	G	6
Sa-Kouadio (v)	F	8	Sasiebougou (v)	D	2
Sama (v)	C	2	Sassandra (v)	D	13
Samala (p)	B	3	Sassandra ou Saint-André		
Sambatiguila (v)	A	3	ou Baoulé	C	9
Sambioso (v)	C	2	Satama-Soukouro (v)	G	7
Sambouya (v)	F	8	Saterodougou (v)	E	6
Sameni (p)	F	7	Satia (v)	G	6
Sameni-Kofi (v)	G	7	Satiaïri (v)	G	9

Satigué (*v*)	G	7	Silemougou (*r*)	D	4
Satikalas (*p*)	E	7	Silémougou (*r*)	E	5
Savoua (*v*)	F	8	Simbo (*v*)	G	8
Savoua (*v*)	F	10	Sinadougou (*v*)	C	5
Sawari (*v*)	H	7	Sindéré (*v*)	G	5
Seguela (*v*)	C	4	Sindérésou (*v*)	F	11
Seguela (*v*)	C	7	Singo (*v*)	E	6
Segoueno (*r*)	G	6	Singonobo (*v*)	F	11
Seguetila (*v*)	B	3	Singou (*v*)	G	6
Scï (*v*)	D	11	Sinianinso (*v*)	D	3
Sekouari (*r*)	F	6	Siradintombo (*v*)	G	7
Id.	G	6	Siradougou (*v*)	C	5
Selilé (*v*)	F	5	Sirakoro (*v*)	C	6
Sené (*v*)	E	5	Sirakoro (*v*)	E	6
Seni (*v*)	F	8	Siratou (*v*)	G	7
Senigué (*v*)	C	2	Siribala (*r*)	F	11
Senoufo (*p*)	C	1	Sirifesou (*v*)	G	4
Id.	C	2	Sissédougou (*v*)	C	4
Id.	C	3	Sissédougou (*v*)	E	7
Id.	C	4	Sitou (*v*)	C	13
Id.	D	4	Sobala (*v*)	G	6
Id.	D	5	Sobara (*v*)	G	6
Id.	D	6	Soctoronsé (*v*)	E	6
Id.	D	7	Soebo (*v*)	G	8
Serebou (*v*)	H	7	Sœurs (*Les*) (*m*ts)	D	12
Serekoro (*v*)	C	2	Sofo (*v*)	D	5
Seta (*m*ts)	G	7	Sogonadougou (*v*)	F	6
Seti (*v*)	F	10	Sokara (*v*)	E	6
Siakné (*v*)	D	2	Sokara (*v*)	G	6
Siaou (*v*)	F	8	Sokodou (*v*)	D	7
Siapo (*v*)	H	8	Sokola-Dioulassou (*v*)	G	6
Siaté (*v*)	F	11	Sokolas (*v*)	G	6
Sidadougou (*v*)	D	5	Sokolo (*v*)	C	5
Sien-Ba (*r*)	B	4	Sokorobo (*v*)	F	11
Sienkolo (*v*)	E	4	Solomandougou (*v*)	D	5
Sienso (*v*)	B	4	Somboro (*v*)	F	7
Siglé (*collines*)	F	6	Somolo (*v*)	G	8
Siguido (*v*)	B	4	Somuonio (*v*)	C	4
Siguiplé (*v*)	D	5	Sondo (*p*)	G	8
Sika (*chaîne*)	G	7	Songodorabo (*v*)	E	6
Sikansi (*v*)	G	11	Songounou (*r*)	F	7
Sikaso (*v*)	E	1	Songourou (*r*)	G	8
Sikolodougou (*v*)	F	7	Songourou du Sud (*r*)	F	8

Soni Aoouma (v)	G	7	Soukoukrou (v)	G	11
Sononkéné (p)	D	5	Soukoura (v)	E	5
Sononzo (v)	D	5	Soukouraba (v)	C	3
Soraká (v)	A	13	Soukourabo (v)	F	12
Sorémé (v)	E	10	Soukourala (v)	C	5
Soromana (n)	C	2	Soukourara (v)	E	5
Sossondougou (v)	G	6	Soukourara (v)	G	6
Souamlé (p)	F	10	Soukourara-Tiéré (v)	D	5
Souamlés (mˡˢ)	E	10	Soukouro-Satama (v)	G	7
Souansou (v)	E	5	Soukouroro-Tiéré (v)	D	5
Soubala (v)	C	6	Souhouvo (v)	G	4
Soucouraba (r. Banifing de)	C	3	Soumadougou (v)	F	7
Sougolo (v)	G	6	Soumbo (v)	E	5
Soukeraba (v)	C	3	Souméra (v)	D	6
Soukerani (v)	C	2	Soundodougou (v)	E	6
Soukerani (v)	D	5	Sousouronsou (v)	E	5
Soukoco (v)	G	7			

T

Tabakoro (v)	B	6	Taléré (v)	E	5
Tableabou ou Hylé (v)	A	13	Tamabo (v)	F	12
Tabokoro (v)	D	6	Tamanian (v)	D	2
Tabou (v)	F	10	Tan (v)	E	9
Tabou (v)	A	13	Tana-Boubou (r)	G	8
Tabou (Grand-) (v)	A	13	Tanamango (v)	G	4
Tabou (Petit-) (v)	A	13	Tangoro (v)	E	6
Taboua (v)	G	8	Tano (v)	F	8
Tadjikouro (v)	F	8	Tantia (r)	F	10
Tafakoyo (v)	E	6	Taorolo ou Taorola (v)	G	6
Tafirira (p)	F	5	Taosso (v)	F	8
Tagara (p)	E	5	Tapro (r)	G	7
Tagono (v)	G	6	Taré (r)	F	10
Tagono (v)	G	6	Id.	F	10
Togouano (p)	F	6	Tatafoui (r)	F	10
Tagouono (v)	G	6	Tatélédougou (v)	G	6
Tahou (Grand-) (v)	B	13	Tati (v)	F	7
Takala (v)	E	7	Tébé (r)	F	8
Takana (v)	G	6	Teblé (v)	A	13
Takanamo (v)	E	6	Téguépié (v)	D	6
Takba (v)	E	10	Téguéré (v)	D	2
Taléré (v)	D	5	Télémaka (v)	G	7

Télénanga (v)	F	5	Tietiekrou (r)	F	10
Témédougou (v)	D	2	Tiguidougou (v)	C	5
Temia (v)	H	7	Tigui-Tigüi (mᵗ)	G	7
Téné (r)	E	10	Tika (v)	F	7
Tenebera (v)	G	7	Timé (v)	F	7
Tenenguera (v)	G	5	Timidougou (v)	E	6
Tengréla (v)	C	2	Tina (r)	F	7
Tenindieri (v)	E	5	Tincé (v)	B	4
Tenou (v)	F	8	Tindi (v)	D	2
Téré (v)	F	7	Tindié (v)	G	8
Tiakba (v)	G	12	Tingoué (v)	F	8
Tiamakandougou (v)	C	5	Tintchinénié (v)	C	2
Tiana (v)	D	3	Tinticoro (v)	B	4
Tianafara (v)	E	5	Tiogolé (v)	D	2
Tiassalé (v)	F	11	Tioko (v)	D	3
Tiata (v)	F	11	Tioko (r)	F	8
Tiébélé (v)	E	5	Tiokoñou (v)	H	8
Tiebissou (v)	F	8	Tiomakha (v)	B	7
Tiebissou (v)	G	7	Tiongori (v)	E	6
Tiedoubougoubou (v)	D	1	Tioroniaradougou (v)	E	4
Tiékélé (v)	C	2	Tiorosoman (v)	C	3
Tiékélédougou (v)	G	6	Tiorotieri (v)	D	3
Tiekoura (v)	G	8	Tjibé (v)	E	4
Tiélougou (v)	D	3	Tjimbaka (p)	E	4
Tiémégué (p)	E	5	Tjimpa (v)	C	2
Tiémérébré (v)	G	8	Tjitjilo (v)	G	6
Tiémou (v)	E	5	Tobé (r)	G	7
Tienba (r)	B	4	Id.	G	7
Id.	B	5	Tobiéso (v)	H	7
Id.	B	6	Tofoyakouro (v)	F	8
Tieni (v)	B	3	Togoda (v)	E	3
Tienikrou (mᵗ)	C	3	Tokala (v)	C	3
Tieningoué (v)	E	7	Tola (v)	C	5
Tiéningué ou Bamboso (v)	E	6	Tombikoro (v)	E	6
Tieoura (v)	D	3	Tombo (v)	E	9
Tiéré (r)	E	5	Tombo (r)	G	5
Tiérébaladiasso (v)	B	2	Tombora (v)	G	6
Tiéré-Soukourara (v)	D	5	Tombougou (v)	C	4
Tiéré-Soukouroro (v)	D	5	Tombougou (v)	C	4
Tiéso (v)	D	6	Tomboura (v)	F	3
Tiésondougou (v)	H	7	Tongaladougou (v)	C	5
Tiesoulougo (v)	D	2	Tongoisso (v)	F	8
Tiéssédougou (v)	E	6	Torondougou (v)	H	7

Toroni (v)	C	4	Toumodi (v)	F	10
Toronka (p)	D	3	Toumounou (v)	F	11
Totan (r)	G	8	Touniniamé (v)	F	9
Toté (v)	C	5	Tourato (v)	F	8
Toto (v)	E	7	Touré (v)	C	3
Toto (v)	E	9	Tourougouakoro (v)	E	6
Totodougou (v)	G	7	Tourougouankoro (v)	E	6
Toton (v)	F	10	Tourougoué (v)	E	6
Tototi ou Pokobo (v)	F	10	Tourouko (v)	D	2
Toudougou (v)	B	3	Tourouloro (v)	E	6
Toudougou (p)	B	3	Touté (v)	C	6
Toudougou (r)	B	3	Tree-Town (v)	G	12
Toukoutoukousou (v)	F	12	Trépoint (Grand-) (v)	D	13
Toulou (v)	E	6	Trikasso (v)	E	9
Toumbéré (m^ts)	G	7	Tuhourou (v)	F	5
Toumisoulé (v)	D	7			

V

Victory (v)	C	13	Voirabo (v)	H	8
Victory (Grand-) (v)	C	13			

W

Walafiguira (v)	G	6	Wata (v)	E	10
Waléguéla (v)	D	4	Wataradougou (p)	B	7
Wandarama (v)	G	6	Wayéré (v)	C	5
Wandarama (v)	G	6	Wedala (v)	E	7
Wangolédougou (v)	F	3	Wi (v)	C	2
Wanilou (v)	C	6	Wobé (p)	C	7
Waodougou (v)	F	7	Woiekrou (m^t)	C	3
Wappou (v)	B	13	Wolleri (v)	C	3
Warabo (p)	E	8	Wolleri (v)	B	3
Waran (r)	F	10	Wona (v)	G	6
Waraniéné (v)	E	4	Wongo (r)	F	7
Wasiborobougou (v)	G	6	Id.	F	7
Waso (v)	E	6	Wonienso (v)	C	2
Wassadougou (v)	H	7	Worna (v)	C	2
Wassara (v)	G	7			

Y

Yaa (v)	G	8	Yara (v)	F	8
Yaakrou (v)	F	10	Yatopo-Kongobokouro (v).	F	8
Yabo (v)	F	9	Yebo (v)	G	7
Yabou (v)	F	9	Yeboué (v)	F	7
Yabra (r)	E	9	Yébouébo (r)	E	7
Yabré (v)	E	9	Yebouédougou (v)	E	7
Yako N'Déri (v)	E	9	Yendicoro (r)	G	4
Yahou (v)	E	8	Yobouebo (m¹)	F	8
Yaka (v)	E	7	Yobouebo N'Gouan (v)	F	8
Yakakouré-Kokouo (v)	F	9	Yobouikrou (v)	F	10
Yakofi (v)	G	8	Yokoboué (v)	F	12
Yakolidougou (v)	E	7	Yokoboué (r)	F	12
Yao (v)	F	9	Yokoboué ou Kogni (r)	F	11
Yaohourés (p)	D	8	Yokoudougou (v)	E	6
Yaou-Kouadio (v)	G	9	Yopo (v)	H	12
Yapé (v)	G	8	Yopogon (p)	H	12
Yapokrou (v)	I	8			

Z

Zaboué (v)	D	12	Ziedougou (v)	C	5
Zakonié (v)	E	4	Zigo (v)	B	4
Zambela (v)	A	3	Zim (m¹)	G	7
Zamegneso (v)	E	5	Zini (r)	F	6
Zandiegué (v)	C	3	Id.	G	7
Zangua (r)	B	4	Zini ou Nzi (r)	G	9
Zangué (v)	E	10	Zini ou Popo (r)	F	4
Zangué (v)	G	7	Zipouris (p)	F	8
Zanzanzo (v)	H	8	Zodekan (v)	E	8
Zaranou (v)	I	10	Zodé-Pouri (v)	E	8
Zata (v)	E	9	Zogolo (r)	G	7
Zego (v)	F	10	Zokos (p)	G	8
Zeguéré (v)	C	2	Zona (p)	C	5
Zeleso (v)	C	2	Zouanégué (v)	E	5
Zélo (v)	C	5	Zoukrou (v)	E	9
Zida (v)	F	12			

CORBEIL. — Imprimerie ÉD. CRÉTÉ. — 3539.

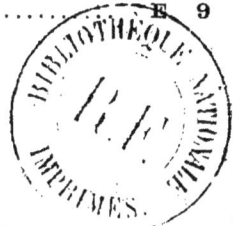

www.ingramcontent.com/pod-product-compliance
Lightning Source LLC
Chambersburg PA
CBHW060802280326
41934CB00010B/2528